RÉFLEXIONS

SUR

MA MISE EN PRÉVENTION

COMME

AGENT CONSPIRATEUR.

Par M. Cyprien Dissard.

A LYON,

AU CABINET LITTÉRAIRE,

PLACE DE LA BOUCHERIE-DES-TERREAUX.

—

1831.

LYON. — IMPRIMERIE DE J. M. BOURSY,
Rue de la Poulaillerie, N.º 19.

RÉFLEXIONS

SUR MA MISE EN PRÉVENTION

COMME AGENT CONSPIRATEUR.

***

> *Porque vès, desaforados gigantes ?*
> « Vois-tu ces immenses géans ? »
>
> ..... *no son gigantes, sino molinos de viento.*
> « Ce ne sont pas des géans, ce sont des moulins
> à vent. »   CERVANTES, liv. Ier, ch. 8.

POURQUOI cette longue détention dans les cachots, ces longs jours d'un secret rigoureux, ces humiliantes recherches (1), ces immenses investigations (2) ces actes arbitraires (3) ?

(1, 2, 3) — *Humiliantes recherches :* Après les visites d'usage sur la personne des détenus, et dépouillé d'abord de ma montre, de mon argent, de mes rasoirs, un geolier est venu pendant la nuit me surprendre sur les pailles de mon cachot;..... et fouillant sur mon corps sans vêtemens, il a trouvé une croix d'or que je portais sur moi ; c'était ma consolation durant le complet isolement du secret. Il s'en est emparé ; en avait-il le droit ?

— *Immenses investigations :* Investigations sur tous les lieux de mon passage de Lyon à Perpignan ;...... interrogats à Lyon, interrogats à Nismes, visites domiciliaires à Pézenas, visites à Montpellier chez M. de Christol.

« On commença, dit Tacite, par des visites domiciliaires. » *Initium id perfringendarum domuum.*

— *Actes arbitraires :* Loin de ma pensée d'accuser M. le procureur du Roi ou M. le juge d'instruction..... Mais alors que j'étais soumis aux règles judiciaires, M. le préfet Méchin pouvait-il ordonner (et ses ordres devaient-ils être exécutés !) que personne ne pût me parler qu'en présence d'un concierge, que tous mes écrits lui fussent soumis, que les lettres qui m'étaient adressées lui fussent remises ?..... Il les décachetait !.... *Nihil usquam secretum aut clausum sinebant*, dit en-

Il s'agit du salut de l'Etat :

Il faut prévenir les dangers imaginaires d'un complot qui n'existe pas, déconcerter des machinations non ourdies, dévoiler les vastes plans de conspirateurs éphémères !

Le 2 janvier dernier, je quittai Lyon, et j'étais loin de m'attendre à mon arrestation. J'avais pris un passe-port pour l'Espagne où m'appelait l'important examen des intérêts d'une personne avec laquelle je devais former un établissement. Afin d'utiliser doublement mon voyage, j'avais pris des commissions de placement d'objets de commerce (1).

Uniquement occupé de mes intérêts particuliers, je suivais ma route sous la protection des lois promise à tous les citoyens, sous la foi des libertés garanties par la nouvelle charte.

J'avais vu dans mon voyage quelques personnes recommandables que le soupçon ne saurait atteindre (2). Une lettre insignifiante, écrite par un ami à son perfide ami, annonçait mon arrivée à Perpignan. Dans cette ville j'avais rencontré l'homme indiscret qui s'attendait à me voir, et, par un effet nécessaire des événemens qui se passent en France, des grands intérêts qui s'agitent, et des habitudes du jour, nos conversations, sans importance d'abord, s'engagèrent peut-être pendant quelques instans sur la matière politique.

Je partais.....

Cependant un jeune préfet s'occupait avec activité de toutes mes démarches, quelque insignifiantes qu'elles fussent. M. Méchin voulait se rendre utile. Porté par les circonstan-

---

core Tacite, parlant de Rome livrée au parti vainqueur....... *victores implacabili odio victos consectabantur*.

(1) Les faits que j'énonce sont établis :
On m'a demandé la désignation des personnes, je n'ai point hésité à les faire connaître, certain de n'être pas démenti. Mais on n'a pas jugé convenable de recueillir les témoignages, et l'on s'est contenté d'une *note* informe et de renseignemens pris par un commissaire de police. — La vérité du motif de mon voyage est pleinement connue, nonobstant la cruelle diffamation insérée dans la *note*. — Quant aux commissions d'objets de commerce, mon livre d'échantillons de velours remis aux magistrats démontre l'exactitude de mes réponses. Les dames Gayet ont écrit de leur main sur ce livre. J'avais commission de placemens de leur part, je voulais particulièrement les faire en Espagne, où m'appelait la principale affaire de mon établissement.

(2) Toutefois le soupçon fait indice de tout. — Faut-il s'étonner que j'aie vu Mgr. l'évêque de Nismes ? Je portais pour ce prélat une lettre que m'avait remise un ami. Mes sentimens religieux, bien connus, expliquent assez pourquoi j'ai eu du plaisir à accepter cette lettre et à la porter moi-même.

ces à une administration de département, et placé ainsi dans une sphère dont il n'avait pu encore parcourir l'étendue, il cherchait à suppléer à l'expérience par des actes d'un prétendu patriotisme, qui ne l'ont pas garanti contre les chances d'une destitution. Auprès de lui j'avais trouvé un accueil favorable ; mais alors qu'avec des paroles bienveillantes il me remettait un passe-port visé, mon arrestation était décidée.

Je fus en effet arrêté ;

Il le fallait sans doute.

Depuis que des complots *légitimes* et des conspirateurs *vertueux*, selon la singulière expression d'un ex-ministre de la révolution de juillet, ont renversé la dynastie et brisé le trône de l'antique race dont la base reposait sur le principe conservateur de la légitimité ; depuis que *l'habitude des conspirations est passée*, dit-on, dans nos mœurs, les agens du gouvernement voient en tous lieux des complots, et partout des conspirateurs ; cependant *il n'existait et ne pouvait exister en France, ni conspiration ni complots*.

(Il n'existait et il ne pouvait exister en France ni conspirations, ni complots.)

En vain des mesures extraordinaires ont été prises à la suite d'ordres imprévus, lancés comme les foudres du pouvoir, à travers des routes inconnues ; en vain du Nord au Midi et de l'Est à l'Ouest, des investigations mystérieuses ont sillonné la France et violé le secret des familles ; en vain des fonctionnaires publics vieux amis du régime des lois, implacables et constans ennemis des actes arbitraires, déployant toute leur énergie, ont mis en œuvre tous les ressorts placés dans leurs mains, exploré les domiciles, recueilli les documens, ramassé toutes les preuves, pas un indice authentique de conspiration n'a surgi de cet immense travail (1).

Dans la Bretagne, cet asile des mœurs antiques et de la religion de nos pères, un brouillon de lettre est saisi, on le produit comme un témoin plus éloquent que la parole, accusateur

---

(1) ..... Après les mesures extraordinaires ordonnées par un ministre, chaque ministre à la tribune a annoncé le même résultat :

« Le gouvernement ne craint pas le parti carliste, a dit M. Barthe, » *il n'a aucune racine en France.* » (Séance du 18 février.)

« *Les carlistes ne peuvent rien entreprendre*, ils sont trop faibles. » Ainsi s'exprime M. Laffitte. (Séance du 20 février.)

« Ce qui distingue ce parti c'est la faiblesse ; *il est caduc et mourant.* » (M. de Montalivet, séance du 17 février.)

terrible des partisans d'un gouvernement détruit, des amis du noble fils des Rois!... et ce brouillon, ce papassart, porte la démonstration qu'il n'y a ni complots ni conspirations (1).

Dans le Midi, vaines démarches, point de preuves.

Dans le Nord, peu de recherches, parce qu'il y a peu de soupçons et que les objets plus rapprochés paraissent moins grands, moins dangereux, plus naturels, plus vrais.

A Lyon, dans cette cité trop long-temps malheureuse, plus que toute autre, frappée du résultat funeste des révolutions, qui ont fait à sa population des plaies si profondes, exercé sur son commerce d'immenses ravages ; dans cette ville signalée par l'instruction comme le siége et le centre de la conspiration, qu'a-t-on trouvé après des arrestations, des visites domiciliaires et des auditions en témoignage ? Qu'a-t-on trouvé ?.... Rien, si ce n'est des résistances légales et des plaintes d'arbitraire.

Après une révolution qui a froissé tant d'intérêts, bouleversé tant de fortunes, brisé tant d'existences, comment ne pas rencontrer quelque part le mécontentement et les inimitiés, des regrets, des inquiétudes et parfois des espérances ? Une foule d'hommes s'agitent au sein de la perturbation ; leur situation crée leurs pensées, donne essor à leurs paroles; mais leurs actes ne sont pas des complots. Une communauté de peusées et d'impressions peut rapprocher ces hommes et leur donner l'apparence de l'intelligence et d'un concert : le gouvernement les observe avec défiance, il se trompe sur l'objet de ces manifestations ; et bientôt il croit aux conspirations ; mais les conspirations étaient impossibles au moment de mon arrestation, et, bien plus, elles sont inutiles.

Les conspirations étaient impossibles : les opinions politiques quelles que soient leurs sources, convictions ou passions, peuvent bien quelquefois comprimer la raison, mais ne sauraient étouffer l'instinct de la conservation. Quel homme eût consenti à conspirer sans bases, livrant ainsi aveuglément son avenir au hasard, sa famille aux dangers, sa tête à l'échafaud? Quel insensé eût voulu affronter une immense population sortie

----

(1) ..... « Nous attendons *en vain* les ordres de la légitimité. — Nous » voyons avec douleur qu'il n'y a *aucun plan arrété*. — On entretient » vaguement notre *espérance*, sans fixer notre *incertitude*..... » (Extrait d'une lettre dont tous les journaux ont donné la copie..... attribuée à M. Cadoudal.)

La plainte, le mécontentement, l'exaspération, l'espérance, ne constituent pas une conspiration, quoiqu'on puisse les considérer comme causes éloignées.

de sa sphère, une armée nombreuse adoptant les couleurs nationales, les hommes de juillet encore pleins de leur victoire, le sol enfin tout hérissé de légions innombrables de gardes nationaux ? Le moment des conspirations n'était pas celui de l'existence d'une administration vigilante dont l'investigation soupçonneuse embrassait tous les détails et sondait tous les replis.

Les conspirations sont inutiles en France : la presse à jamais émancipée par la charte de 1830, proclamée illimitée dans sa liberté, et par là même dans sa puissance, affranchie des entraves du pouvoir, formera désormais les mœurs, les opinions, les volontés de la grande nation, et les volontés nationales sont irrésistibles. Vainement on leur opposerait ou la force des armes ou les trames des complots. La volonté nationale subjuguée toujours par les intérêts, docile aux inspirations de la presse qui l'éclairent et la dirigent, marche au sein des agitations et à travers les efforts des factions, vers les principes d'ordre et de vraie liberté, vers les principes conservateurs des sociétés sur lesquelles repose l'avenir de la France.

Il n'existait pas de conspirations (1)....... Pouvait-il y avoir contre moi des *indices* de complot ? Les indices doivent toujours se rattacher à des faits. Toute instruction judiciaire doit reposer sur des faits, et cependant l'information ne révèle aucun fait.

(Il n'y a dans l'instruction ni traces de complot, ni indices suffisans de complot.)

Le délit ou le fait qui le constitue existe-t-il ?.... Voilà la première question à poser avant toute poursuite judiciaire ; en terme de droit : le *corps de délit* est-il établi ? Voilà le principe fondamental de toute législation générale : *Priùs de re.* Et ce principe salutaire est admis dans nos lois. L'article 229 du code d'instruction criminelle exige qu'il y ait des *traces d'un délit ;* il ne confond pas les *traces* avec les *indices ;* au contraire, il énonce les uns et les autres.

---

(1) Il y a dans les pièces une lettre *anonyme* sans date trouvée dans un café de Lyon ; cette lettre énonce *qu'il existe une association* et que c'est jactance de ma part d'avoir dit que j'en faisais partie. Qui a écrit cette lettre ? Qui a *perdu* cette lettre dans le café ? Quel est le but de cette lettre ?.... Qui a remis cette lettre ?.... — Cette lettre est un nouvel exemple de vieilles infamies. C'est une ressource usée et sans crédit. — On ne comprend pas comment cette lettre a *l'honneur* de faire partie d'une procédure criminelle relative à un délit politique.

Méconnaissant ce principe , la chambre du conseil ne s'est pas occupée de la *matérialité* du crime , c'est-à-dire des *traces* de la prétendue conspiration que l'instruction ne pouvait énoncer. La chambre du conseil a réservé toute son attention pour apprécier quelques circonstances qu'elle a considérées comme des *indices suffisans* d'un complot contre l'État. Examinons ce que la décision de prévention appelle des indices et des indices suffisans.

Des *indices suffisans !* et l'on caractérise ainsi une simple lettre de recommandation et une conversation sur la politique !

Voilà les bases offertes à des réquisitoires et à un arrêt d'accusation.

Une lettre ! et cette lettre est un indice !

(Une lettre n'est point un indice.)

On se demande d'abord comment cette lettre est parvenue dans les mains de l'autorité.

Interceptée dans les bureaux de la poste ou livrée par celui qui l'a reçue , elle est dans les pièces par l'effet d'un insigne abus de confiance.

Cette lettre n'a point été interceptée ; il répugne de supposer que les agens du pouvoir se constituent en violation flagrante de nos lois pénales.

Cette lettre est donc parvenue à son adresse : *A M. Pascot , prêtre à Perpignan* (1). — C'est donc M. Pascot qui a fait la remise de la lettre , et par cet acte que je craindrais de qualifier s'il pouvait humilier le sacerdoce dans la personne d'un seul homme , M. Pascot a trahi les devoirs de l'amitié, trompé la confiance d'un frère ministre comme lui d'une religion de charité , livré à la publicité un secret inviolable , le secret de la pensée. Par cet acte , M. Pascot s'est rendu moralement responsable des conséquences graves auxquelles se trouve exposé M. l'abbé Viot , auteur de cette lettre , qui sous le poids d'une prévention de complicité de conspiration imaginaire , et subissant les humiliations réservées à de vils criminels , se voit frappé de poursuites judiciaires , traîné dans les cachots après avoir été livré à la force armée et conduit de brigade en brigade de Lyon à Perpignan.

---

(1) M. Pascot est vicaire d'une paroisse à Perpignan..... Il est neveu de M. Garcias , député siégeant au côté gauche de la chambre. Il est aumônier des prisons , nommé depuis la révolution par M. le préfet Méchin ; on dit même qu'il est appelé comme chef de bureau au ministère des cultes.

Rien ne saurait excuser la conduite du sieur Pascot, et vainement il chercherait à couvrir son action du manteau de la loi ; la loi commande de révéler les complots, mais la loi n'est point immorale, elle n'ordonne pas un abus de confiance, une odieuse délation. Je l'établirai dans un instant (1).

Quelle est d'ailleurs cette lettre livrée à l'autorité pour dénoncer une conspiration ?... Quelle est cette pièce importante ?

Elle contient du moins le plan d'une conspiration !....

Non, cette lettre est étrangère au gouvernement et à la politique.

Vous la trouvez *mystérieuse*, elle ne l'est pas ; mais le fût-elle, son auteur vous dirait avec juste raison : « Votre esprit soupçonneux rencontre du mystère,.... mystère soit ;.... mais qui vous donne le droit de sonder ma pensée, de rattacher à des complots vos prétendus mystères et par cela même d'y rattacher ma signature ? Que contient au reste cette lettre ?... Sans détour, sans artifice elle recommande à votre bienveillance un homme que je crois digne d'intérêt ; elle rappelle nos relations passées, et sans doute vous ne conviendrez pas que ces relations fussent criminelles !.... »

« Lyon, 3 janvier 1831.

« Mon cher Monsieur (*ici le mot* PASCOT *barré*),

» Le nommé M. Cyprien Dissard, voyageur de commerce
» pour une maison dans laquelle j'ai une partie de mes intérêts,
» m'a prié de lui donner une lettre de recommandation pour
» votre ville et environs, et même pour les villes de Catalogne
» où il se propose d'aller si les affaires paraissent devoir s'y
» faire passablement ; ce brave Monsieur qui est mon ami ne
» connaît personne dans vos parages : à qui pourrais-je mieux
» l'adresser qu'à vous ? Votre obligeance et vos connaissances
» dans le pays me donnent la certitude que vous voudrez bien
» vous employer pour lui. Tous les services que vous lui ren-
» drez, je les tiendrai comme rendus à moi-même. Il est parti
» hier soir de notre ville et il sera sous peu de jours dans la
» vôtre. Il vous expliquera lui-même la nature de ses mar-
» chandises ; tâchez de lui en faire placer le plus possible.
» Vous pourrez agir avec lui en toute confiance, il est inca-

---

(1) On lit dans l'information que cette lettre a été remise à M. le juge d'instruction sur la demande de ce magistrat ; l'observation insérée ci-après (*page* 19), fait connaître qu'il y avait eu auparavant communication *officieuse* à l'autorité administrative.

» pable de vous tromper ; je suis persuadé que sa franchise
» vous plaira lorsque vous aurez causé avec lui. Ne craignez
» point de le présenter à celles des maisons de votre ville avec
» lesquelles j'ai fait des affaires en 1828 ; je ne crois pas ce-
» pendant qu'il pût s'entendre avec M. Buart, d'ailleurs la
» maison ne tient pas à sa pratique, elle tient au contraire
» beaucoup à celle de M. Oduan. Si vous connaissez à Fi-
» guières, Gironne ou Barcelone quelques bonnes maisons,
» veuillez bien recommander notre voyageur.

» Permettez-moi, mon bon ami, de vous prier d'agréer ici
» mes souhaits de bonne année, et de les faire agréer à la fa-
» mille chez laquelle j'ai passé tant de soirées agréables.

» Adieu, mon bon ami, croyez à l'attachement bien sincère
» avec lequel je suis

« Votre serviteur et sincère ami.

Signé VIOT.

« Chez M. Richarme, négociant, place Belle-Cour, n.º 24.

« Ne communiquez cette lettre à personne ; les affaires de
» commerce doivent être secrètes. »

Je pourrais me dispenser d'entrer dans l'examen des énon-
ciations de cette lettre, M. Viot s'est expliqué à cet égard dans
son mémoire justificatif, d'une manière satisfaisante (1); toutefois je ne puis m'empêcher de placer ici quelques réflexions.
— Peut-il y avoir une connexité nécessaire entre ces expressions de la lettre, *affaires* et *commerce*, et de prétendues conspirations ? non sans doute, mais dit-on, ces expressions sont
mystérieuses...... Eh bien! admettons du mystère, admettons
avec l'ordonnance de prévention que *les personnes que l'on
veut désigner* (comme ayant fait des *affaires* ou si l'on veut
le *commerce*), *soient celles qui se signalèrent par leur ferveur
lors des exercices de la mission qui eut lieu en* 1828. Quelqu'un
s'étonnerait-il qu'on eût employé des expressions mystérieuses
dans un siècle et dans un temps où l'on ose à peine avouer
des principes ou des exercices religieux; où il y a, il faut le
dire, un véritable danger à être connu pour avoir pris part à
de pieuses associations ? On ne sera certainement pas étonné
de voir rappeler dans une lettre qui me concerne, les *relations*
de M. Viot en 1828, à Perpignan, lorsqu'on saura que mes
principes bien prononcés me rendent familières des relations
du même genre. Ces réflexions expliqueraient tout ce qui pa-

---

(1) *Voyez pag.* 13, 14 et 15 du Mémoire de M. l'abbé Viot.

raît mystérieux, et d'où l'on induit d'absurdes conséquences par un système de conjectures. — Quant au *secret* demandé dans la lettre, il est une suite naturelle de ce que nous venons de dire, et ne pouvait certes pas être bien absolu, car, en ce cas, il offrirait une inconséquence avec le passage qui amenait M. Pascot à faire une communication à la famille de Bréa.

Et cette lettre enfin, fût-elle accusatrice à cause des prétendus mystères du sieur Pascot rattachés à de prétendus complots, cette lettre est-elle autre chose qu'une pensée secrète ? Pouvait-elle être produite ? Établirait-elle une charge ou un indice ?

Il est des lois de morale éternelle qu'on ne saurait enfreindre ; lois de tous les temps, de tous les lieux, de toutes les législations : nulle part et jamais des lettres missives ne peuvent devenir les élémens d'une instruction criminelle, et la base d'une condamnation. Elles ont toujours été considérées comme confidentielles et secrètes de leur nature ; elles ressemblent à l'aveu, elles sont moins que l'aveu, car elles ont l'inviolabilité et le secret que l'aveu n'a pas, et l'aveu n'est souvent qu'un indice incertain. Ces principes sont tellement sacrés, ces vérités si incontestables, qu'à défaut de lois positives nos sévères Parlemens y conformaient leur jurisprudence (1).

L'orateur Romain disait énergiquement : « *Litteras quas me* » *scripsisse diceret revelavit in senatu homo humanitatis expers.*

» Cet homme inhumain a révélé dans le sénat les lettres que » je lui avais écrites (2). »

Sous le gouvernement monarchique de 1816, déclaré de nos jours si ombrageux, on ne s'avisait point de prendre pour *indices de complots* une lettre dans laquelle on lisait : « La guerre » est déclarée dans toute l'Europe ; le Roi sera détrôné, le fils » de Bonaparte sera rétabli ; la guerre civile éclatera dans le » Midi.... etc.

» Silence.... Silence.... »

La cour suprême considérant qu'une lettre est un dépôt essentiellement secret ; que ce qui est écrit n'a que le caractère de la pensée, décide qu'on ne doit avoir aucun égard à cette lettre (3).

Les juges supérieurs en matière d'accusation, appréciateurs

---

(1) *Voyez* Merlin, Répert. — V.º *Lettre* n.º 6. — V.º *Injures* §. IV, n.º 8. — V.º *Catelan*, livre IX, chap. 4.

(2) Philippe II.

(3) Arrêt du 7 décembre 1816 (§. 17, 1, 35). Le tribunal de première instance avait vu dans cette lettre le délit d'avoir répandu des nouvelles alarmantes.

éclairés des élémens qu'on leur présente , rejetteront avec indignation la lettre qui leur sera soumise, parce qu'elle est parvenue à l'autorité par un acte que la morale réprouve , et qu'elle ne peut être accusatrice d'ailleurs que par l'application du dangereux système des conjectures.

Le second indice offert à l'accusation , c'est ma conversation avec le sieur Pascot.

(Une conversation n'est point un indice.)

Conversation *dénaturée* parce qu'elle est présentée sous les formes d'une narration circonstanciée artistement construite d'après les règles de la rhétorique , tandis que dans la réalité ce n'est qu'un dialogue souvent interrompu sur des objets divers.

Conversation *dénaturée*, parce qu'elle est présentée isolément , dégagée des circonstances qui l'auraient amenée , des antécédens et des observations qui l'auraient expliquée , des paroles et du geste , puissant auxiliaire sans lequel il est souvent si difficile de saisir le véritable sens à donner à une conversation :

Le papier porte tout , mais il n'explique rien ,
C'est en parlant qu'on s'entend bien.

Conversation *dénaturée* par la position où se trouvait le sieur Pascot : Il a reçu une lettre qui lui paraît mystérieuse , l'homme que cette lettre annonce est déjà pour lui un mystérieux personnage ; ses paroles sont des oracles. L'imagination s'exalte, surtout lorsqu'elle est fécondée par l'enthousiasme patriotique. J'arrive, et le sieur Pascot se trouve dans cet état d'éréthisme. Nous causons sur des objets indifférens , mais le sieur Pascot aura voulu éclaircir le prétendu mystère , il aura amené la conversation sur le champ de la politique , je l'y aurais selon lui suivi ; le sujet est à l'ordre du jour. Là , quelques observations générales, quelques conjectures lui auront paru l'explication de ses doutes ; son imagination enflammée lui présente alors un complot et des conspirateurs comme un fantôme sanglant ; alors, hélas ! il a pris la place du héros de *Cervantes*, et nos conversations passant à travers un entourage *gigantesque* se trouvent dénaturées : le vrai a disparu pour lui.

Cette conversation dénaturée , agrandie, est transmise à l'autorité comme la lettre mystérieuse.

Voici l'analyse des grandes choses qu'elle révèle (déposition du 11 janvier, à neuf heures du soir).

« ...J'ai eu des relations en 1826, avec M. l'abbé Viot ;....

il y a six jours, je reçus une lettre de lui, le sens me parut *mystérieux*..... il me *recommandait* un sieur Cyprien Dissard. »

« J'étais à Saint-Jacques hier, lorsque M. Dissard *m'aborda* et me dit qu'il était le voyageur que m'avait sans doute recommandé M. Viot, et qu'il allait me donner des explications touchant la nature de ses opérations, et il engagea aussitôt la *conversation* suivante :

« Je suis l'agent d'un comité central établi à Lyon, me dit-
» il, travaillant au renversement de Louis-Philippe, et à placer
» le duc de Bordeaux sur le trône; les sieurs Viot et Barou^m
» vicaire-général du diocèse de Lyon, font partie de ce co-
» mité. J'ai été chargé, sans désigner par qui, de remplir une
» mission à Valence, Nismes et Montpellier; elle n'a point
» réussi à Valence; je suis satisfait des succès que j'ai obtenus
» à Nismes et à *Montpellier :* j'ai été froidement accueilli par
» l'évêque de Nismes, ce que j'attribuai au grand âge de ce
» prélat; je veux faire des *adeptes* dans ce département. Je
» passerai ensuite en Espagne pour me mettre en rapport avec
» le gouverneur de Figuières et avec le comte d'Espagne; c'est
» dans cette province que se réuniront les affiliés au complot;
» les uns passeront en Savoie, se réuniront à Gènes, où ils
» trouveront un navire destiné à les transporter en Catalogne;
» les autres venant de Nismes, Montpellier et autres lieux, s'y
» rendront aussi en passant par ce département. Il m'impor-
» terait de me lier avec des hommes sûrs, avec lesquels le
» comité pût correspondre. » Il me parla alors de deux individus sans les nommer précisément, je compris que c'étaient
MM. Duvivier et Capot : « lorsque tout sera disposé en Cata-
» logne, la duchesse de Berry et le duc de Bordeaux y seront
» débarqués et feront leur entrée en France. Le comité de
» Lyon compte déjà douze à quinze mille affiliés à ces *projets*,
» liés les uns aux autres par un *serment*. Dès mon arrivée en
» Espagne j'y trouverai des lettres de créance entre les mains
» du gouverneur de Figuières, ou bien, elles me seront expé-
» diées et vous me les ferez parvenir. »

» Ainsi parla le sieur Dissard, et il me proposa de l'accom-
pagner chez MM. Duvivier et Capot; sous divers prétextes j'évitai d'adhérer à ses instances, ne voulant pas me prêter à ses *projets*. »

« M. le Préfet, *instruit* peut-être de quelque sourde menée de Cyprien Dissard, continue le sieur Pascot, l'envoya quérir hier; avant de se rendre il vint chez moi, j'étais absent; il revint le soir et me dit qu'il avait été déconcerté, qu'il avait brûlé ses papiers et des certificats à lui délivrés par les vicaires-généraux de Lyon, ainsi qu'une pièce ayant les armoiries de l'Archevêché, ou plutôt le cachet de l'Archevêque ; il ajouta que le Préfet l'avait bien reçu, qu'il en était satisfait. Il me chargea de recevoir les lettres qui lui seraient destinées, de les lui faire passer en Espagne à l'adresse qu'il m'indiquerait lorsqu'il serait rendu à Barcelone ; il me montra une lettre par lui écrite à M. Barou, dans laquelle il dit avoir été bien reçu partout où il s'est présenté, et sans indication des personnes qui auraient pu l'accueillir. »

Cette déposition quelque explicite et circonstanciée qu'elle fût, manquait d'une chose essentielle ; elle ne disait pas que j'eusse assisté à des réunions du comité, et chacun se serait demandé comment j'étais si bien instruit des plans et projets des conspirateurs ; aussi, *quinze jours après sa première narration*, le sieur Pascot donne une seconde édition avec augmentations nécessaires et explications obligées (déposition du 26 janvier) :

« Dans la matinée du 10 janvier, et avant mon entrevue avec Dissard, il s'était présenté chez moi où il ne m'avait pas trouvé.

» Après m'avoir exposé les fins de son voyage (lors de l'entrevue à Saint-Jacques), il me dit avoir assisté à plusieurs réunions du *comité directeur*, ou bien à des assemblées où se trouvaient les principaux artisans du complot; MM. Viot et Barou s'y trouvaient. » (Sans cela, comment compromettre l'abbé Viot qui n'avait fait autre chose que donner une lettre de recommandation?)

« D'autres comités secondaires existaient à Lyon et dans les départemens du midi. »

« Il me remit une lettre pour M. Barou, celle dont j'ai rapporté le sens (il y a quinze jours), et me chargea de l'affranchir à la poste. »

Qu'est devenue cette lettre ?

« Je l'avais laissée sur la table du cabinet de M. Garcias, mon oncle, dit le sieur Pascot, elle y était encore lorsque je sortis de chez lui le soir ; le lendemain au matin je réclamai cette lettre de la servante de mon oncle, qui me dit l'avoir *brûlée* de crainte que son contenu ne pût me compromettre. »

A la première lecture qui me fut donnée de ce tissu d'absurdités, je me demandai comment en *abordant* le sieur Pascot, dans un lieu public, sans le connaître et ne l'ayant jamais vu, sans autre préliminaire ou préparation, j'avais pu débiter à cet homme tant de contes merveilleux ? Il semble que si j'avais eu à confier des secrets de si haute importance, j'aurais mieux choisi le temps, le lieu et la confidence ; j'aurais agi autrement qu'un conspirateur de théâtre qui arrive sur la scène, et sans préambule développe ses plans.

J'ai pu causer librement avec le sieur Pascot, lui étant recommandé, et ce genre de recommandation d'un prêtre à un autre n'a rien de suspect ; j'ai le malheur d'être du nombre de ces hommes qui croient à leur religion et qui se plaisent dans les rapports d'amitié avec ses ministres. J'ai causé avec le sieur Pascot, et nous avons peut-être parlé politique et religion, mais sans intention, sans but criminel. Ce que je puis avoir dit selon mes scntimens a fui de mon esprit, parce que je n'ai point gravé dans ma mémoire quelques observations générales, quelques faits ou conjectures hasardées. Je conçois très-bien, et je l'ai déjà fait remarquer, comment le sieur Pascot a pu tout dénaturer, mais personne ne croira les absurdités qu'on me prête.

La *duchesse de Berry et le duc de Bordeaux en Espagne!* il me semblait qu'un brouillon de lettre inséré dans les journaux marquait la destination de ce prince dans la Vendée.

Un comité central à Lyon et des comités secondaires dans le Midi de la France : quinze milles affiliés à Lyon, tous engagés par un serment! Comment cette nouvelle fédération s'est-elle organisée dans la seconde ville du royaume, sous les yeux d'une police active qui n'a rien découvert? Sur quinze mille affiliés pas un rénégat! Sur quinze mille assermentés pas un seul parjure!.....

Je suis chargé d'une importante mission à Valence, Nismes et Montpellier ; j'échoue à Valence après une heure seulement de vaines tentatives; je *réussis à Nismes et à Montpellier*, et ma mission est remplie *en six jours!* et ce court espace de temps a suffi pour faire un long trajet et établir mes affiliations!

Je veux faire des adeptes à Perpignan, et comme ces adeptes doivent contribuer à renverser le gouvernement établi, M. Viot m'adresse à M. Pascot qu'il connaît depuis 1827, entièrement voué aux idées libérales. (Les explications de M. Viot sur ce point, sont positives et incontestables. Voyez son mémoire, pag. 2, 3, 13, 19, 20.)

Dans ce but d'affiliation je désigne à M. Pascot deux individus que je NE CONNAIS PAS ! mais le perspicace M. Pascot devine leur nom, il a jugé MM. Duvivier et Capot propres à devenir agens conspirateurs; ils sont mis dans sa narration, et M. Duvivier veut bien supporter chez lui une visite domiciliaire que lui occasionne M. Pascot, et dans laquelle on n'a pas trouvé le moindre indice de conspiration. M. Pascot refuse de m'accompagner chez ces messieurs, et moi qui dois remplir mon but d'affiliation et qui m'aperçois de la mauvaise volonté de mon indicateur, je ne vais pas trouver MM. Duvivier et Capot dont les noms me sont cependant fournis !

Je dois passer en Espagne pour établir mes rapports avec le gouverneur de Figuières et le comte d'Espagne! Je n'ai pas dit en vérité, une pareille niaiserie. Peut-être, allant en Espagne, ai-je parlé du commandant-général de la Catalogne à raison de sa sévérité envers les étrangers, envers les Français principalement; mais lorsque je sais que le comte d'Espagne est un général investi de la confiance royale, je demande qui voudra croire qu'un mince personnage comme moi soit appelé à conspirer d'accord avec les puissances étrangères ; que le pouvoir occulte d'un comité me donne *des lettres de créance* comme à un plénipotentiaire; que ces lettres de créance ne soient pas avec moi, et que M. Pascot enfin soit chargé de me les faire parvenir ?

J'ai parlé de la Savoie , de Gênes , d'un navire transportant des affiliés, et des projets enfin de ces affiliés! Rêves creux, *projets,* comme le dit M. Pascot. Nous dirons bientôt ce que c'est qu'un *projet,* ou ce qu'on désigne par cette expression en matière politique.

J'ai dit que M. Barou avait assisté à des conciliabules à Lyon! Mensonge insigne pour qui connaît ce respectable ecclésiastique. Mensonge! et ici j'ai la preuve que M. Pascot a trahi la vérité. M. Pascot savait que j'avais écrit à M. Barou, et pour lui M. Barou fut un conspirateur. Un vicaire-général conspirateur! cela donne à l'accusation une haute importance, et à la narration un degré de plus d'intérêt.

Mais cette lettre que M. Pascot devait affranchir à la poste, qu'est-elle devenue ? M. Pascot nous dit que la *servante* l'a brûlée dans la crainte qu'elle ne le compromît. Si la *servante* n'a pas lu cette lettre, qui lui a donc dit qu'elle pouvait vous compromettre ? Personne sans doute , car avant de parler au juge d'instruction vous n'avez vu personne. Une *servante* cependant ne s'avise pas de brûler une lettre laissée sur la table du cabinet de son maître (1). Pourquoi n'avoir pas expliqué l'énigme que présente cette lettre ? pourquoi n'avoir pas déchiré le voile qui enveloppe une odieuse intrigue ? vous aviez cependant juré de dire la vérité, *toute* la vérité. Non, la *servante* n'a pas brûlé cette lettre ; l'assertion contraire est une fausseté, parce que le fait est invraisemblable et moralement impossible; il est impossible : la *servante* ne connaissant pas

______

(1) La servante de M. Garcias ne sait pas lire !.... Elle le déclare dans sa déposition.

M. Barou et ne me connaissant pas moi-même, ne pouvait penser que vous fussiez compromis. Il est impossible : cette *servante*, eût-elle lu cette lettre, ne l'aurait pas brûlée, alors qu'elle n'énonçait rien qui pût vous compromettre. Vous avez donc affirmé un fait faux. Voici la vérité : vous avez livré cette lettre à je ne sais quel agent occulte, et cette lettre n'a plus paru, parce qu'elle portait ma justification et celle de M. Barou ; parce qu'on n'aurait pas compris qu'un conspirateur écrivît une lettre pour rendre compte d'une importante mission dans des termes aussi simples et aussi naturels.

Le mensonge évident du sieur Pascot, à l'égard de cette lettre, donne la mesure de la confiance que mérite son artificieuse amplification.

Je repousse de toutes mes forces l'absurde langage que me prête cet homme perfide dans la conversation que j'ai eue avec lui ; mais je vais plus loin, cette conversation, adoptée telle qu'elle est, c'est-à-dire, dénaturée, agrandie ; cette conversation, avouée de ma part, pourrait-elle avoir le caractère d'un *indice*, alors qu'elle ne se rattache à aucun fait établi.... alors qu'il n'existe ni complots ni conspirations ?

Pour résoudre cette question, il semble qu'il doit suffire de l'expérience de tous les temps et surtout de celle de nos jours. L'art du gouvernement ou la politique, l'existence et la durée probable des états, les questions de paix et de guerre, les craintes et les espérances, les opinions diverses, les prétentions et les projets des partis, leurs exigences et leurs moyens, sont le domaine de la conversation et le sujet des entretiens. Nier cette vérité, c'est nier l'existence d'un besoin de l'époque ; transformer en vérités établies les choses énoncées dans les conversations, c'est tomber dans l'absurde.

« Il se trouve des gens qui règlent la marche des armées,
» disait le Consul au peuple romain,.... écoutez-les : il vous
» apprennent les campemens à choisir, les positions à pren-
» dre, le moment des combats.... Ils prescrivent des plans....
» Ce sont conversations, ce sont bruits populaires (1).... »

C'est bien mieux de nos jours..... En ce moment, en France, deux hommes ne peuvent pas se rencontrer (2) sans engager

---

(1) Tite-Live. Paul Emile.

(2) L'abbé de Pradt nous dit que deux hommes ne se rencontrent pas sans se demander : *Que deviendrons-nous ?* Paraphrasez les réponses qui suivent cette question, et vous aurez matière à instruction contre de prétendus conspirateurs.

Un aimable écrivain dit, dans un autre sens, que ces hommes se

leur entretien sur le gouvernement, sans mettre en moûve-
ment le Nord et le Midi, sans s'occuper de nos armes et des
armes étrangères, et chacun selon ses sentimens ou ses intérêts. Les uns appellent de leurs vœux le *sceptre révolution-
naire....* Les autres consacrent leur avenir au *fils du grand
homme....* D'autres enfin donneraient leur vie pour *l'enfant du
malheur......*

Au milieu de cet inextricable chaos, si des vœux téméraires
échappent dans l'épanchement d'une conversation intime, si
l'imagination enflammée par l'exaltation des sentimens, crée
des plans et suppose des organisations sans réalité, qu'elle les
livre à une feinte amitié qui les appelle en dévoilant de dan-
gereuses espérances, faut-il voir des complots et des conspirateurs? faut-il armer les foudres du pouvoir?

Non sans doute, autant vaudrait trouver un indice de la
folie dans la conversation d'un homme passionné, qui met-
trait en avant quelques fausses et folles assertions.

Une conversation ne peut être un indice, parce qu'elle
n'est point un fait, surtout alors qu'aucun fait n'existe; une
conversation n'est autre chose qu'une énonciation de pensées
fugitives. Peut-elle devenir un *indice*, parce qu'on en fait
l'objet d'une dénonciation, et que le dénonciateur veut la
transformer en réalités?

Jamais la dénonciation ne fut un indice de crime, et la
maxime contraire serait subversive de tous les principes de
liberté et de sûreté personnelle.

La dénonciation ne suffit pas, d'après l'article 40 du code
d'instruction criminelle, *pour décerner une ordonnance à l'effet
de faire comparaître.*

« Penser que le témoignage du dénonciateur soit de quelque poids dans la balance de la justice, c'est insulter à la
raison, dit Tronçon du Coudray. »

Les lois romaines repoussent aussi le dénonciateur : *de-
nunciator à testificando repellatur.... nullum prorsùs faciat
indicium.*

« Que sa déposition ne puisse valoir le plus léger indice,
s'écrie M. de Lally. »

Mais l'instruction présente les rapports du sieur Pascot sous
la forme d'une *déposition* testimoniale, et non avec les for-
malités légales de *la dénonciation.*

---

demandent : *Qu'y a-t-il de nouveau?* Prenez la peine de rechercher
les *choses nouvelles*, et vous aurez *étranges choses*, toutes propres à
réquisitoires et accusations.
Mais ce sont conversations.

Eh! qu'importe la *forme*, quand au *fond* les choses sont les mêmes? D'ailleurs, des faits que personne n'ignore, des faits constans quoique non constatés, déclarés par le sieur Pascot, et sur lesquels chacun est désormais fixé, contre lesquels ne sauraient prévaloir des dénégations ultérieures, des faits positifs feront connaître la vérité. Avant sa déposition devant le juge d'instruction, le sieur Pascot avait eu des rapports avec des agens de l'autorité *administrative*. Cette autorité connaissait la lettre de M. Viot et ma conversation, avant l'intervention des magistrats *judiciaires*. De *longues délibérations* avaient eu lieu à l'hôtel de la préfecture pour prévenir *les dangers qui menaçaient la patrie!....* Il fut même mis en question dans ce conseil souverain si on ne me laisserait pas partir pour l'Espagne, afin de surprendre *en chemin* les trames du prétendu complot. M. Pascot, d'après ses révélations, devant recevoir mes *lettres de créance* et me les faire parvenir, les aurait livrées à l'autorité.

Au reste, les magistrats ne remarqueront pas sans surprise que la lettre de M. Viot se trouve mutilée, c'est-à-dire, séparée de la feuille sur laquelle est écrite l'adresse; que cette lettre présente en tête un nom soigneusement effacé : c'est le nom de M. Pascot; ils remarqueront cette phrase de précaution qu'on lit dans la déposition : « M. le préfet, *instruit peut-être* de quelque sourde menée de Cyprien Dissard, l'envoya quérir hier..... »

Nimia præcautio dolus.

Déposition ou dénonciation, peu importe, dira le sieur Pascot, mon premier devoir était de révéler une conspiration. Je l'ai fait, et ma conscience est en repos.

Ici, l'instinct de l'honneur m'indique qu'il n'y a pas dans nos codes une loi assez immorale pour commander la délation.

Sans doute la voix puissante de la patrie, étouffant les influences étrangères et le cri des affections, réclame impérieusement la révélation des complots; sans doute c'est un mâle devoir qu'il appartient aux âmes fortes de remplir; mais le révélateur a-t-il bien compris ce devoir, en livrant à la justice le nom des hommes qui lui ont donné leur confiance et mis leur tête à sa disposition? Celui qui aspire au titre magnifique de *sauveur de la patrie*, devait-il devenir un odieux *délateur?* Ministre de charité, chrétien, français, révélez le complot, et soulagez ainsi votre brûlante imagination des ardeurs qui la consument; mais respectez le nom de votre ami; son secret est dans votre sein, son asile est dans votre cœur. Un asile autrefois était chose inviolable.

Imitez le major Chousserie, qui révéla les circonstances d'un complot et refusa de déclarer le *nom* de son ami, qui l'avait sollicité de concourir à son exécution. La justice approuva ce silence honorable ; les magistrats de Blois décidèrent que, d'après la législation (art. 103 du Code pénal), le *nom* de celui par qui l'on a connu le complot n'est pas une circonstance du complot dont la révélation soit exigée (1).

Le délateur indique le refuge d'un proscrit ou trahit les épanchemens de l'amitié. Le révélateur divulgue ce qui doit être divulgué au nom des lois de sûreté générale ; il garde le silence sur tout ce qui ne compromet pas la sûreté de l'état ; il n'est pas obligé à autre chose par une loi trop humaine et trop morale pour avoir exigé des citoyens une exploration inquisitoriale.

Oui, il y avait un milieu entre l'alternative cruelle de la non révélation et de l'odieuse délation. S'il n'existait pas, ce point que l'instinct de l'honneur indique, la loi serait vicieuse, immorale, indigne d'être écrite dans un code français.

Soit déposition, soit dénonciation, soit révélation, les paroles du sieur Pascot, que je démens et déclare mensongères, qui sont l'effet d'une odieuse intrigue, exploitant les terreurs paniques d'une imagination exaltée qui graudit les objets ; ces paroles ne peuvent devenir les motifs d'une accusation d'ailleurs sans fondement ; elles ne peuvent être un *indice* aux yeux de la loi, qui demande d'abord les *traces* d'un délit (article 229, instruction criminelle), et, de plus, des *indices suffisans* de culpabilité (art. 229 et 231 du même code).

Le ministère public, dans ses réquisitoires, a péniblement relevé quelques contradictions résultant de mes interrogatoires.

On me reproche d'avoir dit d'abord que je n'avais vu personne à Nismes et à Montpellier, et d'avoir ensuite avoué que j'avais vu Mgr. l'évêque de Nismes, et à Montpellier, M. de Christol.

Même reproche pour ma conduite à Perpignan, même aveu d'avoir vu M. Pascot.

On dit que j'ai parlé à M. Pascot d'un de ses parens que j'avais vu dans ma route, et que ce parent, interrogé, ne me connaît pas.

J'ai, dit-on, nié d'abord que j'eusse été recommandé par M. Viot ; j'ai dit ensuite qu'il avait voulu me recommander.

---

(1) 13 août 1816 ; décision sur appel. — *Journal Jalbert*, an 1816, pag. 131.

Je n'entreprendrai pas d'expliquer ici des contradictions sur des faits aussi peu importans. J'ai été mal compris dans plusieurs circonstances, et mes derniers interrogatoires ont justifié quelques méprises. Je dois une observation quant aux dénégations dont le ministère public s'est armé contre moi. On m'arrête au milieu de la nuit, on me dépouille, on m'isole dans un cachot, on m'interroge, et les interrogatoires durent de longues heures et des jours entiers. Seul, en face du pouvoir, et craignant que tout ne compromît mon innocence, j'ai tout nié d'abord, même les faits les plus indifférens. J'ai vu le mensonge et la calomnie dirigés contre moi, j'ai voulu échapper à leurs conséquences terribles. Quel homme dans ma position n'eût pas agi de même. L'accusation présente plus de dangers pour l'homme innocent en raison de l'audace de la calomnie.

J'ai, selon vous, dénié des faits vrais, avancé des faits inexacts ; mais ces dénégations, ces inexactitudes sont étrangères à l'accusation (1). Quant aux faits principaux dont la vérité attestée frappe au cœur cette accusation, pourquoi ne pas relever ma véracité ?

Les véritables motifs de mon voyage en Espagne sont connus. Il s'agissait d'un établissement à former pour moi ; l'examen d'intérêts majeurs m'obligeait d'aller à Madrid ; les pièces à vérifier étaient chez M. Braie, notaire ; c'était le testament d'un général mort en Espagne.

Une simple *note* jointe aux pièces dit plus en ma faveur, sur ce fait justificatif, que la déposition sous forme légale qu'on n'a pas pris la peine de demander ; cette note, dont la source est inconnue, est précieuse malgré la calomnie qu'elle énonce, et qui se dirige indirectement contre moi.

Un autre fait justificatif attesté résulte des commissions d'objets de commerce qui m'ont été données par une maison de Lyon. On ne trouve sur ce point, dans l'instruction, que des renseignemens ; on n'a pas jugé convenable d'avoir des témoignages judiciaires ; mais ces renseignemens sont encore précieux.

Des magistrats éclairés sauront apprécier l'importance de

---

(1) Ces dénégations sont entièrement étrangères à l'accusation. Il résulte de la déposition de M. l'évêque de Nismes que je lui ai dit lors de ma visite : « *Je ne viens point ici pour parler politique.* » Il en résulte que je n'ai rien dit à ce prélat qui eût le moindre rapport à des projets d'association et à des complots. Monseigneur l'affirme sous la foi du serment ! Où était donc l'intérêt que j'avais à la dénégation de laquelle on argumente contre moi ?

la vérité de ces faits principaux ; des magistrats qui ne sont pas étrangers à la connaissance du cœur humain, qui comprennent les situations morales, et qu'une longue expérience dirige, comprendront que des contradictions étrangères au fait de l'accusation, ne sont pas des indices pour cette accusation.

Il n'y a pas des indices suffisans d'une conspiration, et il ne pouvait y en avoir puisqu'il n'a pas existé de complot.

(Les faits ne constituent pas le complot d'après la définition légale.)

Mais en admettant qu'une fausse interprétation d'une lettre insignifiante, et qu'une erreur fatale sur l'énonciation de faits imaginaires pussent être des *indices* de ce qui n'existe pas, les faits énoncés constitueraient-ils un complot aux termes de nos lois pénales, comme l'a pensé la chambre du conseil ?

Voici la loi :

« Art. 87. ..... Le complot contre la vie ou la personne des membres de la famille royale..... Le complot dont le but sera soit de détruire ou de changer le gouvernement, ou l'ordre de successibilité au trône ;

» Soit d'exciter les citoyens ou habitans à s'armer contre l'autorité royale.

» ..... Sera puni de la peine de mort.

» Art. 89. Il y a complot dès que la *résolution* d'agir est *concertée* et *arrétée* entre *deux conspirateurs*, ou un plus grand nombre. »

Les faits dénoncés rentrent dans la disposition de l'art. 87, dit la décision de la chambre du conseil, puisque le but est manifesté : *détruire ou changer le gouvernement.*

Et ces faits constituent un *complot.*

Ici se présente la question de droit ; l'interprétation de l'article 89, qui contient définition du complot.

L'interprétation doit être rigoureuse, parce que la disposition de l'article 89 est l'exception dangereuse d'une loi exceptionnelle elle-même au droit commun. J'explique ma pensée :

Le droit commun, c'est la punition des crimes *consommés*, c'est-à-dire la répression des actes matériels commis avec intention coupable ; dans les termes de législation, *l'infraction commise* (art. 1.er du code pénal).

Le droit exceptionnel, c'est la *tentative du crime assimilée au crime consommé.* — Assimilation sur laquelle les plus célèbres criminalistes se trouvent divisés. — Trois conditions sont nécessaires pour qu'il y ait lieu à répression de la tentative de crime : 1.° qu'elle ait été manifestée par des *actes extérieurs* ; 2.° qu'elle ait été suivie d'un *commencement d'exécution* ; 5.° qu'elle n'ait été suspendue, ou n'ait manqué son effet que par des circonstances fortuites ou indépendantes de la volonté de l'auteur (art. 2 du code pénal).

L'exception au droit commun et au droit exceptionnel lui-même, c'est *la définition du complot* (art. 89 du code pénal).

Effrayante disposition qui semble, en frappant la pensée, usurper les droits de la puissance divine, et qui est cependant une nécessité de l'ordre social.

L'orateur du gouvernement s'exprime en ces termes dans les motifs de la loi..... Il s'agit *d'imprimer un caractère spécial de crime à des projets qui, s'ils s'appliquaient à des délits ordinaires, seraient toujours odieux, mais ne seraient pas alors considérés comme le délit même.*

Renfermés dans les termes rigoureux de la définition donnée par le législateur, méditons les expressions sacramentelles de la loi, pour en faire une application exacte et restreinte.

Le complot existe quand il y a *résolution d'agir*, concertée *et arrêtée* entre deux ou plusieurs conspirateurs.

Résolution d'agir. Cette expression est claire, précise, énergique : — La *première pensée* de renverser un gouvernement n'est pas punie. — Cette *pensée élaborée* et convertie en projets ne tombe pas non plus sous le coup de la loi. — Les *projets manifestés* ne sont pas le complot. — Il faut la *résolution* d'agir, c'est-à-dire la détermination prise de renverser et détruire. — Or, je vois dans les faits dénoncés des projets, des réunions, mais non des *résolutions d'agir* (1). Les résolutions excluent le vague, l'incertitude, l'indétermination ; elles supposent le *concert*, et c'est pour cela que la loi dit : *résolution d'agir concertée.*

Concertée. Aux plans, aux projets, aux réunions, aux résolutions doivent succéder l'accord, l'union, le pacte, le *concert* ; et il ne saurait y avoir de pacte ou de concert que les moyens d'atteindre le but n'aient été inventés, développés et agréés par les conspirateurs. Tant que ces moyens sont in-

---

(1) Je lis dans l'ordonnance de prévention où sont analysés les *faits dénoncés :* Le plan est arrêté et concerté ; la résolution d'agir est prise..... L'appui des autorités espagnoles ne manquera pas. — Ces assertions erronées sont une injure au gouvernement espagnol. Elles ne résultent pas de la dénonciation de Pascot. Elles mettent en thèse ce qui est en question.

connus, incertains, il ne peut y avoir pacte ou concert, il ne peut y avoir *résolution d'agir concertée*. — Que vois-je cependant?..... L'instruction me plaçant à la recherche des moyens d'exécution, faisant de ma personne un organisateur qui recherche des adeptes..... je vois le prétendu complot ne pouvant s'exécuter, si le cabinet d'Espagne ne consent point à fournir des moyens, à recevoir les princes et les conjurés... Oh! que nous sommes loin du concert nécessaire, et plus éloignés encore de la *résolution d'agir arrêtée*.

Arrêtée. C'est dans cette expression que réside le caractère essentiel. — Lorsque la résolution d'agir concertée est *arrêtée* entre les conspirateurs, il n'y a plus rien à faire qu'à opérer l'exécution, tout est disposé, coordonné; les plans sont faits, les moyens trouvés, les résolutions prises; tout est adopté dans le pacte conclu, on touche au moment de l'action. C'est alors que la loi réprime, c'est alors et alors seulement qu'elle dit : il y a *complot*..... alors qu'il ne manque pour caractériser une *tentative ordinaire*, que le commencement d'exécution. Jusqu'à ce moment, les projets, les plans, les moyens, les conciliabules, les affiliations, les actes extérieurs en un mot, sont dans le domaine des lois préventives, l'autorité n'a qu'une action de surveillance, et cela se conçoit : le législateur a dû frapper, en raison du danger pressant et imminent, il a dû punir avant l'exécution commencée, puisque l'exécution peut amener le triomphe du conspirateur et faire trembler l'autorité; mais avant ce moment où la résolution d'agir concertée est *arrêtée*, le danger n'existe pas, car l'exécution ne peut avoir lieu. — Et ce qui prouve que, dans les faits dénoncés, la résolution n'était point arrêtée, c'est cette réflexion bien simple qui se présente à l'esprit, que l'arrestation d'un agent secondaire, sans autre circonstance que cette arrestation, n'aurait pas empêché l'exécution. Non, ces faits ne présentent pas les caractères du complot : *résolution d'agir concertée et arrêtée*.

Le crime que le législateur veut punir, dit Carnot sur le code pénal,... c'est le contrat,... c'est l'unité de volonté, parfaite, entière, DÉFINITIVE..... La résolution d'agir n'est punissable que lorsqu'elle est arrivée à ce point de fusion, de centralisation, d'unité, qui rassemble toutes les volontés dans une volonté commune et collective, *qui ne demande plus de délibération et permet de passer à l'instant même à l'exécution*.

« L'intention de complot, dit cet auteur, eût-elle été *manifestée par des discours et même par des écrits*, ne suffirait pas pour constituer le *complot*, tel qu'il est défini par l'art. 89. »

Qu'y a-t-il de plus dans l'accusation, en supposant vrais les faits qu'elle invoque ? un prétendu *discours*, c'est-à-dire, une *conversation ;* un écrit, c'est-à-dire, une *lettre* de recommandation.

La loi reste donc inapplicable à ma situation, l'examen du fait et la rigueur du droit, ont anéanti l'inconcevable décision de la chambre du conseil.

Après ces démonstrations sur les faits supposés et la définition de la loi, il me paraît oiseux de s'occuper du délit de non-révélation.

Quelques mots cependant :

« Toutes personnes qui, ayant eu connaissance de complots
» formés... contre la sûreté intérieure ou extérieure de l'état,
» n'auront pas fait la déclaration de ce complot..., et n'auront
» pas révélé au gouvernement les circonstances qui en seront
» venues à leur connaissance, seront punies pour le seul fait
» de non-révélation » (art. 103 du cod. pénal).

L'obligation de révéler suppose, en point de fait, l'existence d'un complot ; or, il n'existe pas de complot, je l'ai prouvé.

Cette obligation suppose, en point de droit, des faits qui ont le caractère légal d'un complot ; or, la définition du complot se trouve sans application dans ma cause.

Je viens de déverser, à bon droit, le blâme sur la conduite du sieur Pascot et sur les écarts de son imagination ; devais-je être comme lui, le créateur de faits imaginaires ; comme lui , travestissant *en géans* de conspiration des citoyens soumis aux lois ; convertissant leurs paroles en complots ; devais-je me rendre, par une révélation dérisoire , *le défenseur de la patrie* contre des dangers fantastiques ?...

Une mise en prévention peu réfléchie a prolongé mes douleurs dans ma pénible détention. Je viens de discuter ce que des magistrats instructeurs ont appelé des preuves de *culpabilité* ; j'ai porté l'examen sur les termes de la loi, qui frappe les conspirateurs, après avoir supposé la vérité des faits imaginaires *indiqués* dans l'instruction. Une accusation terrible peut-elle aujourd'hui s'élever contre moi ? Mais sur quels élémens pourrait-elle donc reposer ? Serait-ce sur les déclarations mensongères d'un homme , sur la tête duquel pèse avec force le juste reproche d'avoir trahi la confiance de l'amitié, et que frappera sans doute une réprobation universelle , à cause de la perfidie de sa conduite ? Non, car une action déloyale inspire la défiance, et la perfidie traîne à sa suite la souillure du mensonge. Serait-ce sur l'énoncé d'une conversation fugitive? Non, trop de victimes succomberaient, s'il en était ainsi. Voudrait-on enfin juger ma cause par la dangereuse application du système des conjectures, rapprochée d'une lettre insignifiante, écrite au nom de l'amitié? Des magistrats éclairés repousseront avec indignation tout ce qui n'est que conjectural. Ces magistrats mettront un terme à mes souffrances; elles durent depuis quatre mois, depuis quatre mois, je vis de privations dans l'athmosphère empoisonné des cachots, comme pour proclamer les grands enseignemens de la liberté.

Magistrats qui avez entendu le langage de l'opprimé, vous allez rendre hommage à la justice, et votre décision sortira du sein de la sagesse, comme une leçon de morale et le véritable enseignement de la vraie liberté.

CYPRIEN DISSARD.

www.ingramcontent.com/pod-product-compliance
Lightning Source LLC
Chambersburg PA
CBHW051355060726
47596CB00005B/1925